# einfach schräg

## Gedichte

BoD™
BOOKS on DEMAND

# Ursula Kockelke

## einfach schräg

## Gedichte

*Bibliografische Information der Deutschen Nationalbibliothek:*
*Die Deutsche Nationalbibliothek verzeichnet diese Publikation in der Deutschen Nationalbibliografie; detaillierte bibliografische Daten sind im Internet über http://dnb.dnb.de abrufbar.*

*Herstellung und Verlag: BoD – Books on Demand, Norderstedt*

*ISBN: 978-3-7448-1615-1*

# Inhaltsverzeichnis

# Die Schraube (Töpferarbeit)

## Der Einkauf

Wenn ich kaufe ein, sollte ich nicht hungrig sein.

Betrete ich das Center, fallen mir auf fehlende Fenster.

Begrüßt wird man mit Bäckerduft, Brötchen, Kuchen Einkaufsluft.

Der Speichel läuft im Mund, noch sabbre ich nicht wie ein Hund.


Hunger - kann nicht sein, das Frühstück fällt mir wieder ein.

Die Bäckerei, sie lockt und lockt, bis mir der Atem stockt.

In der Cafeteria sitzt doch wer, winkt mit dem Arm – nun komm schon her.

Schau auf die Uhr, es müsst noch gehen, dass ich mir `nen Kaffee nehm.

Gemütlich sitzen wir zu Zweit – doch wer ruft denn da von Weit?

Durch die Schlange an der Kasse – sie ist da, hebt meine Tasse.

Zu Dritt am Tisch, erzählt wird viel. Sich treffen und Spaß haben, ist das Ziel.

Ca. 2 Stunden gemütlich vor Ort, dann trennen wir uns und gehen fort.


Weswegen ich da bin, hab ich vergessen. Wollt ich was kaufen zum Mittagessen?

Greif in die Tasche, es klebt am Finger, etwas Süßes, vergaß es wie immer.

Ein Hustenbonbon durch Wärme gelitten, ist aus dem Papier geglitten.

Am Finger ein Klümpchen, es klebt schon sehr, geh zur Toilette, Wasser muss her.


Beim waschen der Finger, ich mich erinner.

Geh von Regal zu Regal, da, der Aal.

Kartoffeln und Aal wollte ich heute essen, hätte
ich doch fast vergessen.
Schikoree, Eisbergsalat und Karotten, die
Mischung für Salat ist gut getroffen.

Zur Kasse schlendre ich gemütlich hin, mir
kommen Klamotten in den Sinn.

Was nicht auf dem Zettel steht, war mir durch
den Kopf geweht.
Was war es noch, was wollt ich kaufen?   Könnte
mir die Haare raufen.
Jogginghose, Pulli, Schal – ich steh da vor – es ist
`ne Qual.
Handschuhe sind es, wie konnt ich`s vergessen,
muss nur noch meine Größe messen.

Die Waren sind unendlich fiele, auch trifft man
auf Nachbarn im Gewühle.
„Moin, moin, du auch hier, eine Bekannte steht
vor mir."

Sie quasselt und quasselt, ich hör` gar nicht hin,
alles Mögliche kommt mir in den Sinn.
„Was gibt's bei dir Neues," hör ich sie fragen.
„Ich muss nach Hause, ich hab es am Magen."


Den Wagen zur Kasse, die Handschuhe ich lasse.
Ich atme auf, sie steht noch im Gang, ein and`res
Opfer sie fand, ich hör es am Klang.
Ihre Stimme ist schrill, kaum zu ertragen, gerne
würd` ich`s ihr sagen?
Das Opfer ist männlich, er tut mir so leid –
entfernt sich sehr schnell von ihr im Streit.


Endlich zu Hause, ich mache erst einmal Pause.

## Im Laden

Er liegt am Boden, strampelt, schreit.

Die Mutter ist nicht all zu weit.

Sie wartet ab, die Andern glotzen.

Eine fängt an, laut zu motzen.


Der arme Bub, was hat er denn?

Die Mutter geht weg, spricht, der olle Fenn.

Er zappelt und schreit nun nicht mehr,

schnell steht er auf, und rennt hinter her.


Eine andere Dame im mittleren Alter,

stellt kopfschüttelnd fest, genau so mein Walter.

Das tat er immer, wenn er nicht bekam,

was er wollte und sich alles nahm.


Egal welche Strafen ich mir ausdachte,

mal verbal und auch mal sachte.

Nichts half, bis ich genau wie sie vorhin,

damals aus dem Laden bin.

## Der Fall

Besonders schlau ist man im Leben, stellt man
sich in den Weg den Besen.

Er war so an die Wand gestellt, im spitzen
Winkel er dann hält.

Es bringt nur Glück im Leben, wär` dieser Besen
nicht gewesen.

Der Tag, er wäre wirklich schön, hätte ich besser
hingesehn.


Zum Fegen brauch ich einen Besen, das ist schon
immer so gewesen.

Ich kann es machen schnell, so komm ich super
von der Stell.

Mit dem Besen den Napf bewegt, auch diese
Stelle man dann fegt.

Der Wassernapf vom Kätzchen, hinterläßt ein nasses Fleckchen.

Das Fleckchen, dass `ne Pfütze, ist zu überhaupt nichts nütze.

Das Pfützchen läßt mich gleiten aus, befördert mich zur Tür hinaus.

Wieso sitz ich im Dunkeln und sehe Sterne funkeln?

Bis ich im Flur komm auf die Beine, dauert das noch eine Weile.

Mein Kopf ist klar, ich denke laut, was mich von den Beinen haut.

Was ist kaputt, was tut mir weh – o je - o je - o jemine.

Nach einer Weile merke ich, so schlimm ist Fallen dies` mal nich.

Da ich alleine bin im Haus, den Schmerz ich koste richtig aus.

Glück ich habe heut im Leben, auch wenn er
stand im Weg der Besen.

## Der Fersensporn

Nichts ahnend schreite ich dahin.

Der ganze Tag scheint ein Gewinn.

Die Sonne klart, der Tag geht zur Neige,

steck in den Mund die letzte Feige.


Ein kleines Stück, das ich noch geh -

verflixt, was tut mir nur so weh?

Vor dem letzten Kauen, Schlucken,

muss ich in den Schuh rein gucken.


Hat sich ein Stein, ein kleiner Lump,

hinein geschmuggelt in den Strumpf?

Ich steure an die nächste Bank,

mal schauen, was den Fuß macht >krank<.


In der Ferse, stichts und schmerzt,

ich geh` weiter sehr beherzt.

Der Rat der Freunde - Ackerschachtelhalm, Kompresse,
ist besser, was ich gleich vergesse.
Geh hin zum Arzt, kann sein ein Sporn,
der sich gebildet wie ein Dorn.

Sein Rat, er ist, wie stets sehr weise,
macht mich allerdings sehr leise.
Eine OP  ist sicher gut
doch mir fehlt dazu noch Mut.

Der Dorn, er will das Licht mal sehn,
drum nehm ich`s Messer, du kannst gehn.
Essen, trinken geht wie immer,
vieles gibt es, das ist schlimmer.

## Der Körper

Die Beine sind zum Laufen.

Im Geschäft wir können kaufen.

Den Einkauf packt man in die Taschen,

darin ist auch mal was zum Naschen.


Ist man zu Hause angekommen,

die Süßigkeiten schon entnommen,

spart man sich den Mittagstisch,

kann man sich machen etwas frisch,

um mit dem Hund, wenn man ihn hat,

lustwandeln in der nächsten Stadt.


Viele sind versessen, nach dem Mittagessen,

auf Kuchen und Kaffee und dazu ein Tässchen

Tee.

Warum sich wundern, wenn man dick,

für diese Leute ist das schick.

Bei Anderen, da fragt man dann,

wie kann es sein, dass Fett kommt dran.

Ich esse doch so gut wie nichts,

ist wirklich so, bestimmt kein Witz.

## Die Straße

Ich gehe durch die Straßen
und schlendre voll Erwarten.

Die sich kennen grüßen sich.
Kennt man sich nicht,
Grüß oft nur ich.

So kann`s passieren mit der Zeit,
man stell fest, man ist zu zweit.

Wie ging es vorher ohne ihn?
Verlorne Zeit, sie ist dahin.

Mit den Jahren kann es gehen,
vom Andern will man nichts mehr sehen.

Getrennt wird sich oft im Sreit.
Aus ist mit der Zweisamkeit.

Wieder schlendert man dahin,
Erwartet einen Neubeginn?

## Die Zwiebel

Viele Zwiebeln ich gegessen,
der Darm er lässt mich nicht vergessen.

Im Bauch da ging es los
was mach ich bloß?

Vergaß, ich muss noch kaufen ein,
kann im Geschäft nicht leise sein.

Da, das Regal versteck mich dahinter,
die Luft entweicht aus meinem Hintern.

Mit lang anhaltendem Getöse
bläst sie durch die kleine Öse.

Hinterm Regal ich tief gebückt,

mich niemand sieht, es ist geglückt.

Erhobenen Hauptes geh ich dann
langsam an die Kasse ran.

## Ein Tag:

In mir die Musik erklingt,
eine Weile mit mir schwingt.
Sie ist so schön, so wunderbar,
schwebt durch die Luft, die sonnen klar.

Ein Lächeln umspielt meinen Mund,
obwohl der Hintern ist so wund.

Die Hose zwickt und kneift für wahr,
ich muss was ändern, das ist klar.
Ich geh ins Haus, zieh meine Hose aus,
wähl aus dem Schrank `nen Rock heraus.

Erneut erklingt Musik in mir,
begeb mich in die Gartenzier.

Fröhlich kann ich etwas tun
oder gar in Muße ruhn.
Die Tage, die vorüber gleiten,
lassen mich zu Taten schreiten.

Den kleinen Hunger kann man stillen,
man muss nur wählen bei den Brillen.

Die Brille für die Weiten,
lässt meinen Blick nur schweifen.
Es muss die sein, zum Lesen gut,
bevor man Kraut verwechseln tut.

Das Kraut, das giftig darf ich nicht -
verwechseln, das ist Gärtners Pflicht.

So bleibe ich gesund und munter,
und blicke von dem Baum herunter,
den ich zuvor erklommen, sah „liebe" Nachbarn
kommen.

Von der Feier sie betrunken, durch den Garten
schunkeln.

Sind sie dann fort, pflück ich die Pflaumen,
die nicht nur gut sind für den Gaumen.
Sie zwingen mich zu Gehen,
an einen Ort, nicht nur zum Stehen.

Danach begeb ich mich zu Bett,
ich weiß, der Tag, er war ganz nett.

## Spurensucher (Töpferarbeit)

## Eine von Vielen

Glücklich vor Jahren ist sie gewesen,
hatte einen Mann und ein kleines Wesen.

Durch einen Unfall war der Mann dahin,
das Kind wuchs auf, s`war kein Gewinn.

Es machte Probleme von Jahr zu Jahr mehr.
Nach Jahren die Mutter war unglücklich sehr.

Sie hat es versucht, mit all ihren Kräften,
ob man ihn ohne Geld kann „mästen".

Ohne Geld war die Verbindung zwischen Mutter
und Kind,
so schnell vorbei, wie im Sturm der orkanische
Wind.

So gingen viele Jahre vorbei.

Auch heute noch sind die Beiden entzweit.


Ein Riss wie dieser lässt sich nicht kitten.

In all den Jahren seine Kinder litten.


Keinen Kontakt zu ihrer Großmutter sie haben.

Er labt sich an seiner Wut noch in alten Tagen.

## Die Erdbeere

Die Sammelnuß, sie wächst am Boden.

Habe ich sie angehoben,

so stell`ich fest, sie ist nicht hart --

matschig ist sie in der Tat.


Sie leuchtet rot, sie ist sehr leicht,

da sie einer Feder gleicht.


Genauer sehe ich nun hin,

im Innern saßen Schnecke drin,

die sich den Bauch ha`m voll geschlagen,

da sie sich von Beeren laben.


Mühe hatt` ich über Wochen,

die Schnecken kamen angekrochen.

Nachts füllten sie den Erbeerkern,

sich in den Magen wirklich gern.

Nacktschnecken haben ja kein Haus,
drum suchten sie sich Beeren aus.
Wohlbehütet und auch satt,
haben sie die Nacht verbracht.

Ich stehe da und kanns nicht fassen,
nicht eine hab`m sie mir gelassen.
Krieg den Schnecken fürs nächste Jahr,
einsammeln, weit fortbringen, das ist klar.

## Gedanken

Meine Stirne liegt in Falten,
dahinter muß Gehirn verwalten.
Die Gedanken kommen wieder,
viele sind wie schöne Lieder.
Oft sind sie kitschig,
manchmal allerdings recht witzig.
Wie die Wellen in dem Meer,
wallen sie so hin und her.

Das Menschlein sitzt am Stand,
denkt an den Wegesrand,
wo es vor vielen Jahren
mit dem Liebsten ist gefahren.
Das ganze Leben, gut und schlecht,
auch hatten `mal die Andern recht.
Still ist`s geworden in dem Leben,
lernen und Arbeit ist gewesen.

Zurück denkt man an Kindertage,

geschmückt mit Märchen und `ner Sage.

Behütet in dem Kinderhort,

wenn Mutter war zur Arbeit fort.

Ach ja, schön war die Zeit,

mit dem Geschwisterchen zu zweit.


Das Leben, es ist viel zu kurz,

vergleichbar nur mit einem Furz,

der durch die Luft fliegt wie Gedanken,

nichts von beiden haben Schranken.

Das Leben geht sehr schnell zu Ende,

das Wasser rinnt uns durch die Hände.

Nichts bleibt zurück.

Im Grab vergammelt Stück um Stück.

## Schraube

Gut sitze ich auf einem Hocker,
bei mir ist eine Schraube locker.

Mein Körper schräg, man kann auch sagen,
schief geworden in den Jahren.

Lachen ist gesund,
gönnen dir eine Stund.

## Macho

Mit den Augen und den Lippen,
vergisst er manche guten Sitten.

Sein Gedanke macht sie nackig,
den Hintern findet er schön knackig.

Ins Ohr da säuselt er mit Worten,
viel Geld ich konnte für dich horten.

Komm mit zu mir, lass dich vernaschen,
dann wanderts Geld in deine Taschen.

## Klärchen

Sie schreitet still am Waldrand lang, in ihrem
Herzen ist ihr bang.
Oh wie war es wunderbar, vor knapp einem
viertel Jahr.
An ihrer Seite er gegangen, beide waren
unbefangen.

Doch plötzlich kreuzt auf ihrem Weg, eine Maid,
sie steht am Steg.
Er schaut und schaut, sagt zu der Braut:
„Mit uns Beiden ist es aus. Du kannst gehen
allein nach Haus."

So lässt er`s Mädel stehn am Fluss. Sie rächt sich,
und stellt ihm den Fuß.

Er fällt hin, rollt mit den Augen, und kann es
nicht so richtig glauben.
Die schöne Maid, sie dreht sich um und geht
vorbei, sagt, das war dumm.


Klärchen verzeiht ihm ohne Fragen. Ob er wieder
kommt in Tagen?
Er lädt sie ein, geht mit ihr aus, sie landen im
Lokal beim Schmaus.


Beim Schmaus sie lacht, weiß nicht warum. Sie
ist verliebt, aber nicht dumm.
Sie sitzt am Tisch, himmelt ihn an. Ein Blick von
ihm, der turnt sie an.
Der Snack will nicht richtig wandern zum Mund.
Sie kichert und lacht, sie ist kugelrund.


Wie hypnotisiert hängt er an ihren Lippen.
Geistes verloren greift sie seine Kippen.
Die Kippen lutscht sie genüsslich ab. Seine
Hände hängen am Körper herab.

Nun schmiegt sie sich an ihn, will mit ihm schmusen. Er kommt sich vor, als küssen ihn Musen.

Unterm Tisch seine Füße suchen, der Geruch kommt nicht vom Kuchen.
Sie tasten zum Knie, verweilen dort, schieben den Rock hoch, dann sind sie vor Ort.
Sie schließt die Augen, der Genuss lässt sie stöhnen.

Dann haucht sie, lass uns gehen, zu Hause kann und darf es geschehen.

Auf dem Weg sie in Gedanken, die nicht mehr wollen von ihr wanken,
wie war es noch vor vielen Tagen, als sie dachte, er wird fragen.
Die Haustürklinke in der Hand, sie aus seinem Arm sich wand.

Ihre Wut, die läßt sie schwitzen, und ihn vor der Tür abblitzen.

Such dir ein andres dummes Huhn, meine Liebe, die wird ruhn.

Bedröppelt zieht er in die Ferne, damals, da hatte sie ihn gerne.

# Wissen Sie schon (Töpferarbeit)

## Die Leberwurst

Die Leberwurst, welch Hochgenuss,
umspielt den Mund wie einen Kuss.

Die Speiseröhre irgendwann,
damals verwöhnt von meinem Mann,
erinnert sich - wie gut,
wenn man durch sie rutschen tut.

Sie rutscht herunter bis zum Magen,
er darf und wird sich auch dran laben.

Hier nun geht der Ärger los,
er lässt sie nicht als ganzen Kloß
den Körper durchmarschieren,
trotzdem muss sie es riskieren.

Die Flüssigkeiten wetten, können wir sie strecken
oder  wird sie gleich verrecken?

Im Darm da macht sie sich nun breit,
kurz war ihre Lebenszeit.

## Der Furz

Gemüse essen, das ist klar,
aldente muss es sein nicht gar.

Kohl und Bohnen sind perfekt,
in uns die Blähungen weckt.

Es kneift in uns, rumort erst schlicht,
da die Luft gleicht einem Wicht,
wenn sie durch den Körper eilt,
an einer Stelle gar verweilt.

In den Gedärmen kneifts und zwickt,
Die Luft sie quält, der Bauch, er zickt.
Durch Peperoni sie dann brennt
und durch unsren Körper rennt.

Den Darm durch rüttelt,

wenn sie entweicht, es uns oft schüttelt.


Dann sind wir besser ganz allein  –

peinlich soll`s für uns nur sein.

## Der Darm

Laxoberal, der Tropfen sechs,
halten nichts vom Darm mit Sex.

Die Dosis, die erhöht man dann ---
voll Erwartung ---  WANN? ---

Backpflaumen, Öl und and`re Sachen,
bringen oft den Darm zum Lachen.

Von Oben will es gar nicht krachen –
Versuch von unten – anders machen.

Er sperrt und ziert sich wirklich sehr,
es nützt ihm nichts, bald ist er leer.

## Das Brot

In der Küche die gestrichen,
ist das Brot mir ausgewichen.

Besser noch, ich legt es nieder,
fand es aber dann nicht wieder.

Irgend wie war`s plötzlich klein,
und nicht mehr im Augenschein.

Stecknadel groß so es geschrumpft,
und ich suchte Stund` um Stund`.

Am nächsten Morgen, gegen 10,
wollte ich ins Dorfe gehen.

Ich konnt` nicht fassen, was ich sah,

es lag so groß wie vorher da.

Nicht geschrumpft und nicht versteckt,
ich fühlte mich vom Brot geneckt.

Mit Brotaufstrich und etwas Butter,
schlemmte ich beim 2. Futter.

Danach erst zum Dorf ich ging,
den Gedanken nach ich hing.

Gut gelaunt schritt ich dann aus,
mit einem gut genährten Bauch.

## Das Mittagessen

Auf dem Teller nicht zur Zier,
verwandeln sich Spaghetti hier.
Stumm liegen sie, wie ungeschickt,
und wissen nicht, dass die Gabel sie gleich pickt.

Soll`n zum Munde alle wandern,
doch die Gedanken wollen anders.
Meine Einbildung ist groß,
in meinem Hals, da steckt ein Kloß.

Würme auf dem Teller,
die sich winden immer schneller.
Will Spaghetti nicht mehr essen,
bevor im Bauch beginnt das Fressen.

Ein Würmchen, auch wenn noch so klein,

sollte niemals in uns sein.

Geräusche, die im Bauch beginnen,

sagen uns, es frisst von innen.


Bei unsrer Katze oder Hund,

bangen wir, sind sie gesund?

Die Ämsten können uns nicht sagen,

dass im Bauch sie Schmerzen plagen.


Doch da wir lieben unsre Süßen,

wir schnell den Tierazt dann begrüßen.

Herr Doktor unser Tier hat Not,

sehen sie sich an den Kot.


Wir tun dem Tier ja etwas gutes,

geben die Wurmkur frohen Mutes.

## Kater Django

An der Garage, rechts im Winkel,
ist eine Tür` bemalt mit Dinkel.

In dem Raum, den man betritt,
das war gestern ein echter Hit.

Ich begab mich da hinein
und hatte mehr als richtig Schwein.

Ein Gestank schlug mir entgegen,
musste mich fast übergeben.

Begab mich auf den Weg zu finden,
dieser Duft muss schnell verschwinden.

Django, dieser kleine Wicht,

doch ich merkt es nicht,
war eine Weile eingesperrt.
Sein Gesichtchen ganz verzerrt.


Der Darm, er wollte werden los,
etwas Dünnes und `nen Kloß.


Kurz und gut, er tat sein Best,
und setzt ins Spülbecken ein >Nest<.


Mein großes Glück bestand darin –
nicht bücken – was für ein Gewinn.


Drum ist der Tag so wunderbar, -
dieser Django ist mein Star.

## Glück

Mein Blick wandert seitlich,

zum Teil aber heimlich

mit an zu sehen,

wie glücklich sie gehen.

Egal wo ich bin,

es schmerzt in mir drin,

zu sehen,  -

wie vertraut Zwei mit einander gehen.

Die Jahre schweißt sie zusammen sehr.

Die Vertrautheit wuchs immer mehr.

Doch wenn sie sich streiten über Kleinigkeiten,

die sich ausweiten,

denk ich bei mir,

das alles erspart bleibt mir.

Der Traum bleibt mir vom kleinen Glück.
Eine Möglichkeit es kehrt zurück?

# Von eingeschlafenen Füßen

Hier sitze ich auf meinem Po,
und meine Füsse irgendwo.
Sie sind so kalt wie Eis im Schrank,
ich sie unterm Schreibtisch fand.

Sie schlafen ein, sie kribbeln stark.
Ich stehe auf, es ist ne Qual.

Mit den Händen, die auch kalt,
versuche ich es mit Gewalt.
Jeder Schritt, den ich will gehen,
schlimmer noch sind nur die Wehen.

Irgend wie schaff ichs mit Müh,
einen Kaffe ich mir brüh.

Das Kribbeln gleicht den Nadeln,
die Milch verschütt ich an die Wadeln.

Die Katze, die herbei geeilt,
das Leckerchen mit keinem teilt.
Auf dem Fuß da sitzt die Katz,
mir zusätzlich das Bein zerkratzt.

Im Fuß da kribbelt nun nichts mehr,
die Krallen merke ich zu sehr.

## Zauberlehrling

### nur so ein Gedanke

Der Zauberlehrling dieser Schlingel,

hat am Fahrrad keine Klingel.


Das Wichtigste hat er vergessen,

ist vom Zaubern ganz besessen.


Was der Meister kann schon lange,

davor ist ihm gar nicht bange.


Die Mächte, die der Lehrling rief,

in heutiger Zeit, die Kernkraft fließt.


Der Wunsch etwas schaffen ohne Bedacht,

hat ihn aus der Fassung gebracht.

Besen mit Eimer immer schneller,
bringen Wasser auch zum Keller.

Das Wasser floss, er kanns nicht stoppen.
Ausstieg wir aus Kernkraft hoffen.

Der Geist einst genial und sauber,
hat verloren allen Zauber.

Der Müll begleitet jedes Leben,
es wäre sonst zu schön gewesen.

Den blauen Planet, wie wir ihn nennen,
vom Weltall aus wir ihn so kennen.

In X-Jahren von gleicher Stelle,
strahlt die Erde bestimmt sehr helle.

Die Atomkraft, sie übernimmt die Macht,
vom Mensch die Erde tot gemacht.
**Nichts ist mehr wie es war.**

## Der Aufgeblasene (Töpferarbeit)

**Ursula Kockelke**

Jahrgang 1943, Beruf Zahntechnikerin, 1982 in Ostfriesland gelandet. Zurzeit bereitet es ihr große Freude, Ideen zu Papier zu bringen.

Die Bilder zeigen einige ihrer Töpferarbeiten.

## Danach (Töpferarbeit)